Auf drei springen wir!

www.beltz.de
www.baltscheit.de
© 2016 Beltz & Gelberg
in der Verlagsgruppe Beltz · Weinheim Basel
Werderstraße 10, 69469 Weinheim
Alle Rechte vorbehalten
Neue Rechtschreibung
Text, Bilder und Gestaltung: Martin Baltscheit
Lektorat: Katrin Hartmann
Gesamtherstellung: Beltz Bad Langensalza GmbH, Bad Langensalza
ISBN 978-3-407-82118-8
2 3 4 5 20 19 18 17 16

Martin Baltscheit

Die Geschichte vom Löwen, der nicht schwimmen konnte

BELTZ
&Gelberg

Der Löwe, ich sag euch, er geht nicht gern baden,
im Wasser da steht er nur bis zu den Waden.
Er wäscht sich zuweilen den Hals und die Mähne,
geschwommen wird nie:

„Das ist was für Schwäne!"

Die Löwin, die Schöne, liest einen Roman
und sieht es nicht kommen, das Wasser steigt an!
Ihr Hügel wird schnell eine Insel im See.
Das rauschende Wasser – geschmolzener Schnee.

„Zu Hilfe! Mein Löwe,
so rette mich doch!
Denn wenn ich hier bleibe
– ertrinke ich noch!"

„Nun mach doch und hilf ihr!"

So rufen die Stimmen.
Der Löwe – er will ja, nur
kann er nicht schwimmen.

„Schwimmen ist einfach." Der Frosch kennt sich aus.

„Spring rein und tauch rüber, dann hol sie da raus."

Die Ente sagt:
„Den rechten Fuß so,
den linken Fuß so,
den Kopf über Wasser
und hoch mit dem Po."

„**Hoch mit dem Po? Wozu das Getue?** *Ein Schwimmer mit Klasse,*
schwimmt lieber mit Ruhe. Ein Krokodil, das lässt sich nur treiben.
Und wenn du's nicht kannst, dann lass es halt bleiben!"

„Wer hier nur treibt,
der treibt auch mal ab.
Schwimm gegen den Strom,
sonst wird es noch knapp.
Verliere dein Ziel
niemals aus dem Blick.
Nach vorne Forellen!
Heut geht es zurück."

Der Floh glaubt an Sprünge,
einen riesigen Satz.
„So bist du schnell,
am richtigen Platz."

Auch ein fliegendes Tier
kennt die Straße zum Sieg.
„Wenn schwimmen nicht geht,
ach Löwe, dann flieg!"

Der Löwe denkt laut:
„Was ich brauche sind Flossen,
was ich brauch ist ein Boot,
ich brauche ein Flugzeug,
für die Liebste in Not.
Ich brauch eine Brücke, Feuer und Zunder,
ich glaube, ich brauche ein richtiges Wunder."

Die Grille am Ufer, lupft kaum ihren Hut.
„Hör zu, was du brauchst, ist einfach nur Mut!"

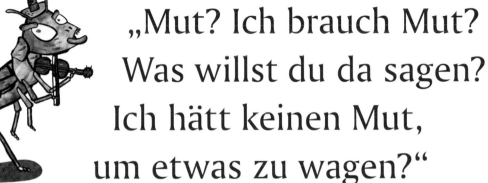

„Mut? Ich brauch Mut?
Was willst du da sagen?
Ich hätt keinen Mut,
um etwas zu wagen?"

„Ja, ja", ruft die Grille, „bei meiner Geige,
ich singe es laut: Der Löwe ist feige!"

Da springt er ins Wasser. Das Wasser ist kalt.
Der Löwe plumpst tief, versinkt ohne Halt.

„Die Arme nach vorn, mach sie zu Flossen
die Beine mal auf, dann wieder geschlossen.
Den Kopf über Wasser, den Po richtig hoch.“

So schafft es der Löwe am Ende dann doch.

Zur Löwin am Baum, er reicht ihr die Hand ...

... und Löwe und Löwin schwimmen an Land.

Beide. *Gemeinsam.* Ein Wettlauf beginnt.

Die Löwin ist schnell ...

... die Löwin gewinnt!

„Äh, Löwin, du Liebe, mein Honig, mein Stern,
du schwimmst wie ein Fisch, kannst du das erklären?
Was rufst du nach Hilfe? Du schaffst es allein,
warum das Theater, für wen soll das sein?"

„Für dich, nur für dich,
hab ich es gemacht."
Die Löwin umarmt
mit Kuss und Bedacht.
„Ich dachte im Frühling,
da wär es nicht schad,
**mein Löwe nimmt
endlich auch mal ein Bad."**

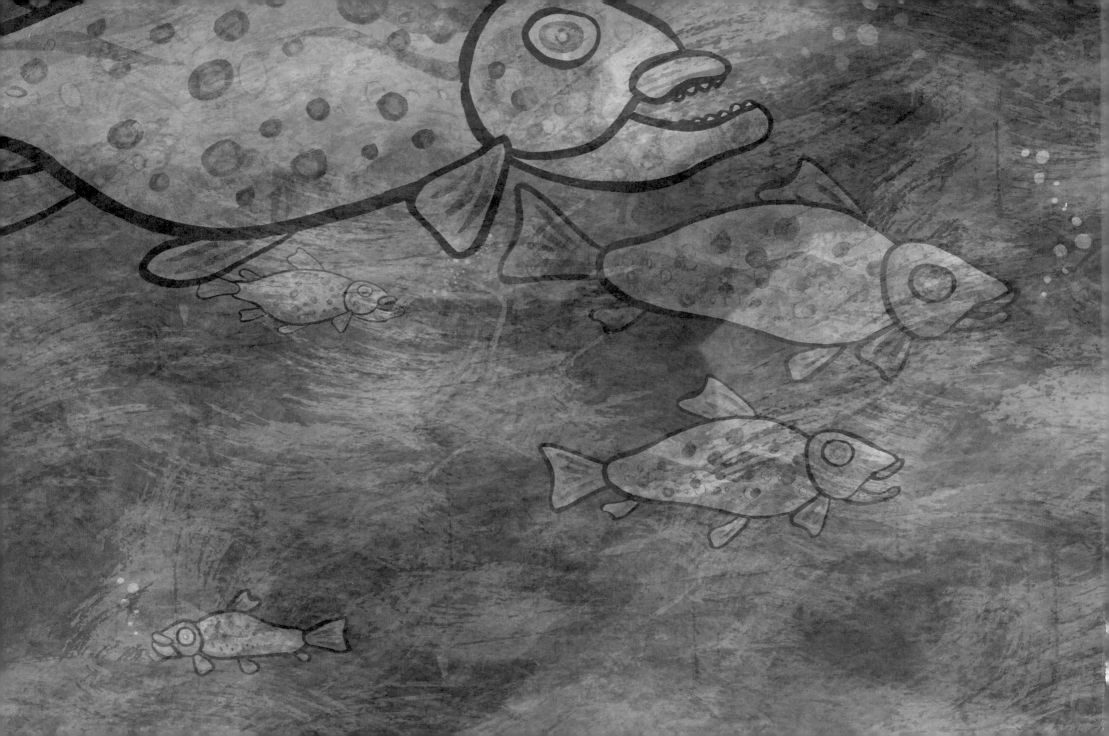